Después de su muerte
¡La vida en el Cielo!

Censa Ramírez

Publicado por Ibukku
www.ibukku.com
Diseño y maquetación: Índigo Estudio Gráfico
Copyright © 2019 Censa Ramírez
ISBN Paperback: 978-1-64086-400-9
ISBN eBook: 978-1-64086-401-6

ÍNDICE

Introducción

Conozco a la pastora Censa Ramírez desde hace 20 años, es una persona de firmes convicciones cristianas que la hacen ser una persona muy especial, confiable y coherente con lo que dice y hace; es amante de darle lo mejor a Dios, pues su corazón vive cerca de Él. Es la clase de persona que uno quiere tener cerca pues inspira paz y sabe dar consejos llenos de sabiduría, muy certeros.

Mi esposa y yo tenemos el privilegio de compartir con ella estando cerca y aun en la distancia, pero cerca por los lazos de amistad que nos unen; me siento muy halagado de que ella me haya elegido para hacer la introducción de su primer libro.

"Después de su muerte, ¡La vida en el cielo!" es un libro motivador que despierta las emociones y nos inspira a valorar las cosas en un orden de prioridad, saber en verdad qué es importante y qué no, qué puede esperar y qué no. Nos enseña cómo los planes y lo que Dios nos dice tienen un tiempo para cumplirse. Quizás desde nuestra perspectiva sea mucho tiempo, pero no así desde la perspectiva de Dios, pues el tiempo de Dios es perfecto; lo que nos puede tomar mucho tiempo a nosotros, para Dios es un segundo. Cuando llega el de repente de Dios, nada ni nadie lo puede detener, nos lo muestra cuando llegó el día de sacar a su pueblo de Egipto, ni uno más ni uno menos. Es por esa razón que en este libro la escritora nos muestra la amarga experiencia para ella, su familia y para todos (as) los que de alguna manera nos relacionamos con ella de una forma cercana.

Llegó el día del cumplimiento de lo que Dios le había dicho que iba a hacer con su primogénito. Dios le había dicho que lo haría, pero no le dijo qué día sería, ¡fue muy impactante! Un momento que nadie quiere pasar, pero nos muestra que, en todo tiempo, sin importar las circunstancias, Dios está en control de todo y nos da su fuerza y su consuelo.

Me ocurrió algo al enterarme de la noticia de la muerte del primogénito de mi amiga, fue decirle a mi esposa que de seguro la pastora Censa sabía que su hijo iba a morir, pues Dios se lo había revelado, ya que al igual que a Abraham, Dios le reveló lo que iba a hacer con Sodoma. Le había dicho a mi amiga el plan que tenía con su hijo. Para mi sorpresa, fue así como lo había pensado. Le pregunté: "¿Pero usted sabía que Amiskel iba a morir?" Y me dijo que sí. Le soy sincero, esa muerte tocó mis sentimientos de forma tan intensa, que aun leyendo el material, afloraron emociones muy fuertes dentro de mí, pues él y yo éramos amigos y lo consideraba mi sobrino, pero tenemos que aceptar la voluntad de Dios. Él es quien conoce el presente y el futuro y siempre obra a nuestro favor, aunque no lo entendamos. Lo más importante es que tu relación con Dios sea lo primero y lo más significativo en esta vida pasajera, así que te animo a leer este libro, ya que será de mucha ayuda para tu vida y la de aquellos a quienes les puedas hablar de Él, ya que no tiene desperdicios, es cautivante desde el principio hasta el final.

Dios te bendiga.

Pablo M. De los Santos.
Pastor, psicólogo y terapeuta familiar y de parejas.

Reflexiones de la vida

La vida y la muerte. La muerte y la vida. La realidad de la vida es que llegará un día en que tendremos que morir. Mientras estamos vivos todos los días tomamos decisiones, nos creemos dueño de nuestra vida, no le damos la más mínima importancia a las cosas tan simples como respirar, no nos detenemos a pensar en la maravilla de Dios al formarnos; somos seres perfectos, el ser humano es la maquinaria más compleja que existe. La vida no es una casualidad, ¡es un plan perfecto de Dios!

Hay teorías absurdas sobre la vida que resumen todo sin ninguna explicación científica y lógica como una casualidad, pero el ser humano es más que eso. Tú y yo somos más que una casualidad, somos el diseño perfecto de uno que quiso darnos una oportunidad de estar en esta Tierra, nos dio parte de Él, "su soplo" y nos marcó a cada uno de una manera tan especial que científicamente está comprobado que cada ser humano es único en esta Tierra, ¡para mí no hay dudas!

¡Somos parte del plan perfecto de Dios! ¡Nos dio la vida! Aunque muchas personas no lo saben, viven ajenos a la realidad de que un día tendrán que entregar su espíritu; un día ya no podrán decidir qué hacer, un día ya no tendrán más tiempo, un día ya no tendrán el control de su vida. Para aquellos que dicen: "mi vida es mía y hago con ella lo que yo quiera", llegará un día en sus cuerpos quedarán vacíos, su vida se habrá ido y en ese momento se darán cuenta de que no eran dueños de sus vidas, que Él, que le dio el soplo, se lo quitó. Cuando llegue ese momento, las cosas que consideramos importantes perderán su valor, no importa cuántos títulos tengas, qué posición ocupes en el trabajo y el sueldo que ganes, o cuántos bienes hayas acumulado, ni aun lo que creas o no creas importará. Sencillamente, ¡tendrás que aceptar la realidad de la muerte!

Entonces ya no habrá tiempo, el trabajo tendrá que quedarse, la familia tendrá que quedarse, los amigos tendrán que quedarse, las diversiones tendrán que quedarse, los compromisos grandes y pequeños tendrán que quedarse. No importan todos los planes que hayas tenido, no importa cuánto dinero hayas invertido en ellos, que hayas hecho reservaciones en hoteles, planeado viajes, programado conferencias, reuniones, lo que sea que hayas hecho, cuando el dueño de tu vida te quiete el soplo, no tendrás más opciones. Sólo tendrás que dejarte llevar, nadie podrá impedir que te vayas, no importa cuántas buenas relaciones tengas, esa es la realidad de la vida, ¡lo aceptes o no!

Si puedes entender todo esto, has tenido una experiencia personal con Jesús. De no ser así, deberías pensarlo dos veces. ¿Estás listo para empezar a vivir? No importa cuántos años tienes, vas a empezar a vivir cuando comprendas que el soplo de Dios está en ti por tiempo limitado. Él te prestó su aliento para darle vida a tu cuerpo de barro y te puso en esta Tierra con todo lo que necesitas para que puedas disfrutar de ella, vivir plenamente, disfrutar de cada día como un regalo del Creador para ti; saber levantarte en la mañana dando gracias a Dios al ver el sol o aun si está lloviendo, ver la obra de Él para su creación. Escuchar el canto de las aves como una alabanza para Él y darle la tuya. Hay que reconocer que sin Él tú no serías nada, no sabes cuánto tiempo te queda. Entonces no lo malgaste en cosas triviales.

Cuando a una persona le dicen que le quedan dos semanas de vida, quiere hacer en esas dos semanas lo que no hizo en toda su vida. Estoy segura de que buscará estar en paz con todos los que ha ofendido y pedirá perdón si es necesario; esa persona va a querer dedicarle tiempo a sus seres amados, sentirá tristeza por no poder pasar más tiempo con ellos y sabrá que dos semanas no son suficientes para hacer todo lo que le gustaría hacer.

Entonces, amigos lectores, ¿No creen ustedes que no tenemos que esperar a que eso nos suceda a nosotros? Peor aún, que nos va a suceder, porque no empezar en el día de hoy a vivir como si nos quedaran esas dos semanas, a disfrutar de la vida con sus altas y sus bajas, a ponernos a cuenta con todos aunque tengamos que pedir perdón si es necesario, a valorar todo lo que tenemos, a reconocer que Dios tiene un propósito con nosotros, saber que somos importantes para Él, por eso nos hizo únicos. No hay copias, somos originales y tenemos el sello de autenticidad de nuestro Creador.

¡Hay un plan de Dios para ti, hay un plan de Dios para tu familia! Pero sólo lo vas a entender cuando dejes de llevar la vida a tu manera para someterte a la voluntad de Dios, cuando aprendas a vivir conforme a sus propósitos para ti, cuando reconozcas que tu cuerpo no es más que la casa donde habita tu alma y tu espíritu, cuando hagas una pausa en tu agenda para permitir que el plan de Dios se ponga en práctica en tu vida.

Esta es la única manera en la que le vas a dar sentido a tu vida, a partir de ese momento todo cambiará a tu alrededor; no porque las cosas hayan cambiado, sino que tu manera de verlas será distinta.

A partir de entonces vivirás día a día, hora a hora, minuto a minuto, segundo a segundo, porque cada segundo cuenta. Dando a Dios el primer lugar de cada día desde antes de levantarle, porque al abrir los ojos te darás cuenta de que Él te ha regalado un día más para que puedas mostrar al mundo que eres parte de su creación. ¡Estás en el plan de Dios! ¡Eres su obra perfecta!

Hoy puedes respirar, aprovecha cada aliento al máximo, no permitas que nada te impida vivir; el dueño de tu vida, todavía te permite respirar. Dale gracias a Dios por todo. Si tienes ojos y puedes ver, recuerda que muchos nacieron ciegos, no te quejes por usar lentes, muchas personas desearían poder mirar, aunque sea con unos lentes.

Si tienes piernas y puedes caminar, dale gracias a Dios por tus piernas. ¿Cuántos años tienes caminando y nunca te de has detenido a pensar cómo hubiera sido tu vida si no hubieras tenido piernas? He visto personas que nacieron sin piernas y viven tan agradecidos de Dios por la vida, ya que ellos entienden que la vida no es sólo piernas ni brazos. Es increíble cómo muchas de esas personas nos sirven de inspiración, mientas que también he visto a muchos jóvenes que se ven saludables y están en las calles mendigando. Ellos están desaprovechando la oportunidad de vida que Dios les da.

Dale gracias a Dios porque puedes hablar, porque puedes mirar, porque puedas respirar. Aunque tengas una nariz grande y te digan que es fea, dale gracias a Dios porque puedes oír, porque puedes caminar y aún si no puedes hacer algunas de estas cosas, de todas maneras, dale gracias a Dios, ¡porque estás vivo!

La crónica de su muerte

20 de agosto 2015.

Cuando te levantas con la intención de empezar el día en oración y la debes interrumpir para encontrarte con la escena que ninguna madre quiere ver...

Lo encontré de rodillas en el baño. Cuando me acerqué ya sabía que estaba muerto. Sólo le pedí al Señor que me diera fuerzas.

En ese momento no había tiempo para llorar, tenía que llamar a emergencias pues mi esposo y mi sobrino estaban en gran angustia y desesperación. Mi esposo se levantó como de costumbre para ir a trabajar, esperó unos minutos pensando que él iba a salir del baño, pues escuchó el agua corriendo. Al ver que no salía ni obtenía respuesta a su llamada, llamó a mi sobrino y forzaron la puerta y al encontrarlo así casi se pusieron locos, sólo gritaban y corrían por toda la casa.

Al escucharlos sabía que algo muy malo había pasado, así que les pedí a los hermanos que siguieran orando, que iba a ver qué pasaba. Al encontrarlo llamé inmediatamente al número de emergencias.

Esa llamada fue terrible, parece que los operadores no están preparados para eso. En medio del caos, ellos hacen preguntas sobre preguntas, espero en Dios nunca más tener que hacer esa llamada. Dios Santo, en medio del dolor de tener que ver a mi hijo sin vida, ellos querían tener todos los detalles, eso fue horrible. Me dijeron que tratara de ponerlo boca arriba y ver si podía darle resucitación. Yo sé primeros auxilios y desde que lo encontré ya sabía que no tenía vida, pero aun así hice lo que me pidieron, sabiendo que no iba a tener ningún resultado. Después de que llegaron los policías, empecé a marcar a las personas más cercanas; no fue fácil tener que hacer llamadas a los familiares y amigos para despertarles con la terrible noticia de que mi hijo estaba muerto.

Todos estaban atónitos, en pánico, no eran las 6:00 a.m. en Massachusetts, en Wisconsin, donde viven mis hijos Mikael y Josalin. Hay una hora de diferencia. ¿Cómo llamas a tu hijo a esa hora para decirle que su hermano mayor está muerto? No recuerdo las palabras exactas que le dije a Mikael, sólo recuerdo que le dije que fuera a la casa de Josalin y le informara. En verdad no hay una manera buena de dar esa noticia, pero le dije que lo hiciera en persona.

¿Qué? ¿cómo? ¿qué paso? Estas preguntas las escuchaba una y otra vez. No tenía respuestas, sólo les decía: "No sé. Sólo sé que Amiskel está muerto." Todos estaban confundidos, todos preguntaban: "¿Pero cómo fue?" y yo les decía que él estaba bien la noche anterior. Para morir sólo tienes que estar vivo.

Al cabo de unos minutos los amigos y familiares más cercanos estaban en la casa, junto a los policías. Todo era horrible, horrible, un caos, ¡pero yo sabía que era un plan de Dios!

¡Eso fue lo único que me mantuvo en pie!

Dirás: "¿Cómo puede ser un plan de Dios que un joven de 28 años, con todo el futuro por delante, sin ningún problema de salud, con un buen trabajo y muchos amigos que siempre se preocupaba por ayudar a los demás, así fueran niños, jóvenes o ancianos. Él era una persona muy útil a la sociedad en comparación con otros que no respetan a sus padres, no son ejemplo para nadie, no son buenas personas y entran y salen de la cárcel como si fuera su casa. Muchos de ellos están vivos, mientras Dios planeó llevarse a Amiskel.

Eso me decía mi concuña Lucinda, ella estaba muy molesta, muy dolida. Yo le dije: "Hay cosas que no entiendes, pero no debes dudar de que Dios es perfecto y sus planes son perfectos. Aunque pasemos por momentos como éste, Dios está en control!"

Quizás no podemos entender la manera en que el Señor se manifiesta:

"Las cosas secretas pertenecen a Jehová nuestro Dios, pero hay cosas que nos han sido reveladas a nosotros y a nuestros hijos." *Deuteronomio:29:28*

Quiero decir que no tenemos que entender todo lo que sucede a nuestro alrededor. El hecho de que no lo entendamos, no quiere decir que no tenga que suceder; somos humanos y como tales tenemos límites, tenemos que entender cuáles son nuestros límites. Si somos hijos de Dios, hay una promesa para nosotros en romanos 8:28. Esa promesa estuvo en mi mente todo el tiempo: "Todas las cosas les ayudan a bien." Yo lo he creído y eso me ha mantenido firme en los momentos más difíciles de mi vida. En la versión King James dice: "Todas las cosas trabajan juntas para el bien de los que aman a Dios."

En la versión "Dios habla hoy." Estándar, 1994, dice: "Sabemos que Dios dispone todas las cosas para el bien de quienes lo aman."

En mi cabeza sólo había espacio para este verso, en especial esta frase: "Todas las cosas les ayudan a bien. "Todas las cosas trabajan juntas para nuestro bien." Yo no sé cómo, pero creo en la palabra, ¡sólo creo!

Cuando él vino al mundo, me dio la oportunidad de ser madre, pero yo sabía que era prestado. Fueron 28 años, dos meses y veinte y uno días en los que compartimos tantas cosas; él fue mi hijo, mi amigo, compañero de trabajo y estábamos tan ligados (yo le decía que tenía que independizarse, casarse y hacer su vida, ya los hermanos menores habían dejado la casa materna, pero él me decía que nunca se iba a ir de la casa). Y así fue. Nunca se fue, Dios se lo llevó. ¡Dios es perfecto! Ahora entiendo. Con su partida he entendido tantas cosas… mi hijo fue una persona muy especial, a su paso dejó huellas por su gran entusiasmo y energía que a todos quería contagiar y nos deja la mejor enseñanza: Para morir, sólo tienes que estar vivo. Él era muy saludable, siempre cuidó de su alimentación, era de los que leen las etiquetas antes de comprar un producto, era fanático haciendo ejercicios. En fin, cuando llegó el día de su muerte me di cuenta de que no tienes que estar enfermo, ni sufrir un accidente para morir, ¡la muerte es para los vivos!

Yo no tenía palabras para poner en el recordatorio, iba a dejar que otros se encargaran de eso; sin embargo, un día antes del funeral le pregunté a Joshua, su hijo, que para entonces tenía 6 años. Le dije: "¿Tú quieres escribir algo para el recordatorio de tu papi?" Me pidió papel y lápiz y escribió:

"Tú fuiste el mejor de los padres por siempre, yo pasé muy buenos momentos contigo. Espérame en el cielo."

Me quedé tan sorprendida de que el niño, sin ayuda de nadie, encontró las palabras correctas para describir a su padre.

El jueves 20 de agosto de 2015 ha sido el día más largo de mi vida, a las 5:00 a.m. dirigía la oración en conferencia telefónica con un grupo de hermanos de la congregación Renacer de Gloucester, MA. cuando unos minutos más tarde me di cuenta de que mi primogénito estaba muerto, a unos pocos metros de donde yo estaba. A las ocho de la noche de ese mismo día recibí la noticia de que mi hermano menor había fallecido en una accidente de tráfico en Santo Domingo. Hasta el día de hoy no he preguntado la hora en que sucedió, sé que no querían darme la noticia pero de alguna manera de di cuenta; entonces recordé el relato de Job y me di cuenta que estaba muy lejos de estar como él.

Empecé a darle gracias a Dios por todo lo que estaba pasando en mi vida, yo tenía tres hijos y gracias al Señor me quedaban dos y seis hermosos nietos. De muchos hermanos sólo había fallecido uno. "Jehová dio y Jehová quitó, sea Jehová bendito." *Job 1:21.*

También le dije a satanás: "Te equivocas conmigo, siempre le daré gracias a Dios por lo que ocurre en mi vida, yo sé que Él tiene el control y a los que aman a Dios todas las cosas les ayudan a bien (Romanos 8:28). Yo le amo y sé que he sido llamada por Él a cumplir sus propósitos. No importa lo que hagas, nunca dejaré de glorificarle en mi vida con palabras y con hechos, porque Él es Dios y yo soy hombre. Todo lo que Dios hace es perfecto, ¡aunque no lo entiendas!"

Satanás estaba cuestionando mi integridad, me estaba provocando por medio de este terrible dolor, el más grande que haya pasado en mi vida, pero en ese momento mi actitud cambió, aunque estaba derribada por el dolor.

En lo personal, no cuestiono a Dios, pues sus pensamientos son más altos que los míos. En medio de este proceso una persona me dijo que le preguntara a Dios por qué había pasado por todo esto, "pues tú eres una mujer de Dios" -me dijo. Le respondí que el Señor no tiene que darme a mí explicaciones de lo que hace porque, sobre todo, ¡Él es Dios!

A una semana de su muerte, todavía había una persona a la cual no había podido dar la noticia, ella es mi tía. En realidad es mi madre por haberme criado. Ella había sufrido un derrame cerebral hacia menos de un año y no estaba en condiciones de recibir fuertes impresiones, así que mi cuñada le había dicho que él estaba en el hospital y que no había muchas esperanzas de vida, para ir preparándola poco a poco para la realidad. Todavía no había podido hablar con ella, pero tenía que hacerlo. Cuando me preguntó cómo seguía y me dijo que estaba orando por un milagro, sólo le dije que teníamos que aceptar la voluntad de Dios y debíamos estar preparados para lo que fuera que Dios quisiera. Dios siempre hace lo mejor para nosotros, aunque no nos parezca en el momento.

El cuerpo de mi hijo fue trasladado a Santo a Domingo para ser sepultado junto a mi hermano y a mi padre. Viajamos a Santo Domingo sin ninguna motivación por el viaje, veía a las personas alrededor contentos, motivados por sus viajes. Yo por un momento entendí cómo regresó Nohemi (en amargura el dolor de la pérdida produce un amargo sabor). En el funeral el Señor me dijo que también mi madre iba a ser sepultada con ellos. En ese momento la miré, ella estaba sentada casi frente a mí, estaba muy desconsolada, se quedó con la pena de la pérdida; se la pasaba en un lado de la casa siempre aislada. Al principio comía demasiado, cosa que era muy extraño en ella. A principios de diciembre empezó a mostrar signos de pérdida de memoria y falta de apetito, así fue desmejorando cada día hasta que el 31 de diciembre del mismo año estábamos sepultando a mi madre junto a ellos.

Así terminaba ese año 2015 para mí, dejando en la tumba a cinco personas que significaban mucho para mí. En febrero fallecieron mis tíos maternos: la menor de las hembras y el más cercano a mi madre. Con ellos siempre mantuve buena relación y al momento de su muerte no pude asistir a su funeral, pero el dolor de su partida fue muy fuerte para mí. Mi consuelo es que están en el cielo y algún día nos veremos allá. El día de navidad no hubo cena para mí. Estuve día y noche al cuidado de mi madre y para el último día del año la dejamos en la tumba. Con todo el dolor que había en mi corazón, todavía podía decir: "Sea bendito el nombre del Señor." ¡Todo lo que Dios hace tiene sentido!

"Porque como son más altos los cielos que la Tierra, así mis caminos son más altos que vuestros caminos y mis pensamientos más que vuestros pensamientos." *Isaías 55:9.*

¿Cuántos años son muchos.?
¿Cuántos años son pocos?

A principios de agosto me invitaron a la ciudad de New York para disertar la palabra en el funeral de mi sobrina Omega, quien había muerto de una embolia a la edad de 35 años.

Estaré parafraseando parte del mensaje para esa ocasión:

"¿Cuántos años son muchos? ¿Cuántos años son pocos? Enfocando las cantidades desde diferentes perspectivas, viviremos mucho o poco, todo es relativo. Por ejemplo, cuando yo tenía 8 años y calculaba cuánto faltaba para tener 30 años, entonces 22 me parecían muchísimos años; sin embargo, cuando llegué a los treinta hacia planes por diez y veinte años y no me parecía tanto tiempo. Cabe decir que a los veinte años yo nunca pensé que estaría viva a los cuarenta, me parecía demasiado tiempo. Entonces imaginemos a una persona de 80 años al comparar los 35 años que Omega vivió, le parecería muy poco tiempo, pero si la persona que hace la comparación tiene ocho años, la perspectiva va a cambiar. Entonces le parecerá mucho tiempo."

El mensaje hacia énfasis en que no sabemos cuánto tiempo viviremos. Puede ser mucho, puede ser poco, no lo sabemos. Entonces debemos vivir cada día como si fuera el último. Si lo hacemos así aprenderemos las cosas más importantes de la vida, aprenderemos a vivir, vivir mucho o vivir poco no será importante, ¡lo importante es que vivamos! Y descubrir que Dios nos ha puesto al lado de personas que nos aman y que se interesan sinceramente por nosotros, son aquellos que harían lo necesario para hacernos bien; ellos sufren y se preocupan cuando nos va mal o pasamos por alguna dificultad. Dios los ha puesto a nuestro lado para que nos sirvan de apoyo, ellos nos valoran por lo que somos, no por lo que tenemos. Tienen un concepto muy elevado de nosotros y están a nuestro servicio de manera incondicional. Pidamos al Señor que nos abra los ojos, para que los podamos ver, porque muchas veces pasan desapercibidos. Que nos dé la oportunidad de descubrirlos y darles atención pues por ellos es importante seguir adelante. Hay muchas personas así a tu alrededor, pueden estar en la familia, en los compañeros de trabajo o de estudio, en los miembros de la iglesia o en los amigos. Me gustaría que tomaras un momento para reconocerlos, piensa unos minutos cuáles son las personas con las realmente cuentas y dedícales un poco de atención.

Pero hay otro tipo de personas que tenemos a nuestro lado, éstos sólo se interesan en beneficiarse de nosotros, éstos son los que llaman y nos buscan cuando necesitan algo; se acercan por una razón y es para obtener algo, no tienen tiempo para lo que no les da beneficios. En realidad, a ese grupo no le importa lo que somos, sino lo que representamos para sus intereses; son personas egoístas y pueden venir de lejos o de muy cerca. Pueden ser extraños o pueden ser parte de tu álbum familiar. Es bueno también identificar a este grupo, no para sacarlos de la foto, sino para que desde este momento te prepares para que no gastes mucho de tu tiempo en ellos. A veces tú sabes que te están usando y siempre se los permites esperando que algún día van a cambiar; no quiero desanimarte con esto, sólo deseo compartir mi experiencia con cada uno de mis lectores y de alguna manera poder ayudarles a vivir de la mejor manera que se pueda. Esa es la razón por la que te digo que aproveches tu tiempo, vive al máximo, valora a los que están a tu lado, mira a tu alrededor, aprende con quienes puedes contar pues vendrán momentos en que necesitarás el apoyo de personas que te aprecien realmente. Esto puede hacer la diferencia cuando estés en medio de la tormenta, mira a tu alrededor y reconoce quienes son los que pueden servirte de apoyo. Seremos muy afortunados si aprendemos a ver la diferencia entre unos y otros.

Cuando decides vivir te enfocas en el día a día, le das importancia a los detalles, por mínimos que sean; te detienes a buscar a esas personas importantes en tu vida que siempre están para ti, le das un abrazo a aquel que amas y tomas el tiempo para decirle lo importante que es para ti. No esperas hasta mañana para decir un: "Te amo, gracias por todo, eres importante para mí, aprecio lo que haces por mí, etc." Eso es vivir, compartir tu tiempo con ellos, darles un poco de ti y recibir lo que tienen para darte. Entonces entiendes que vivir es simplemente despertar en la mañana y darte cuenta de que estás respirando. ¡Y das gracias a Dios por eso!

Al final del mensaje hice la siguiente pregunta:

"¿Quién sabe cuál será el próximo en el ataúd? Hoy está Omega, mañana podrías estar tú, en mi caso, ¡fue mi primogénito!

¿Qué es la vida?

El apóstol Santiago dice que es como un vapor, una neblina que aparece por un momento, hasta que sale el sol, entonces desaparece. *(Santiago 1:14.)*

El salmista también nos dice que la vida es como la flor del campo, que cuando el viento sopla por ella se desvanece; como la hierba que crece en la mañana y florece, pero en la tarde es cortada. (Salmos 103:15, 90:5-6.)

¡Así de fácil es perder el soplo! ¡Así de simple se nos va la vida!

¡El tiempo de Dios es perfecto!

Cuando era una niña pensaba que Dios miraba el tiempo como nosotros, ya luego entendí lo que es el Kairós. (Es un concepto de la filosofía griega en el que algo importante sucede. Su significado literal es "momento adecuado u oportuno" y en la teología cristiana se le asocia con "el tiempo de Dios.") *Kairós – Wikipedia.*

Nosotros, desde el primer momento de nuestra existencia, estamos marcados por las medidas humanas del tiempo, así es que desde el embarazo empezamos a contar las semanas del feto hasta llegar al nacimiento, donde empezamos a contar los años de vida.

Es curioso, pero cuando quedé embarazada de Amiskel y fui a la primera cita con el doctor, me dijo que la fecha probable de parto era para el 29 de mayo. Desde ese momento, siempre me mantuve diciendo que mi bebé iba nacer el 29 de mayo. Mi tía me decía: "El doctor no puede saber con exactitud el día que va a nacer, él dijo que es una fecha probable." Pero yo insistía en decir que ese era el día en que iba a nacer, entonces el 29 de mayo a las 5:00 a.m. me desperté con dolores y le dije a mi tía, ella obviamente no me creía pero me llevó al hospital. Cuando llegamos ya tenía 4 centímetros y a las 12:25 del mediodía, Amiskel estaba naciendo.

Dios no está sujeto al tiempo como nosotros, las leyes de la naturaleza no le afectan porque Él está sobre la naturaleza, es el Creador del Universo.

Aprendí que el tiempo de Él es perfecto y todo tiene su tiempo. "En este mundo todo tiene su hora, hay un momento para todo cuanto ocurre." *Eclesiastés 3:1 DHHS94.*

El Señor sabe cuál es el tiempo de cada cosa, pero nosotros no sabemos ni entendemos, por lo tanto debemos aprender a vivir cada día al máximo, valorando lo más importante de la vida; no esperar a mañana para decirle a ese amigo lo agradecido que estoy con su apoyo, no esperar a mañana para decirle a mi pareja lo afortunada que soy de tenerle a mi lado, no esperar a mañana para decirle a mis hijos lo importantes que han sido en vida. Antes de que termine el día de hoy debo hacerlo, porque no sé si para mí existirá el mañana. Entonces hoy voy a vivir. Sé que "Mi tiempo está en las manos de Dios." *Salmos 31:15*

Paradojas de la vida, un tiempo para morir

"Un momento para llorar y un momento para reír. Un momento para estar de luto y un momento para estar de fiesta." *Eclesiastés 3:2. DHHS94.*

Un día, mientras caminaba con mi esposo desde nuestro apartamento en la Joyce Street hasta la casa de mi cuñado Pablo en la Chestnut Street, aproximadamente unas cinco escuadras, pasamos por una iglesia y estaban realizando una hermosa boda. Me detuve un momento y entendí el significado de este verso. Mientras nosotros estábamos destrozados por la muerte de nuestro hijo, había un grupo de personas que no nos conocía y no tenían nada que ver con nosotros, que a dos días de la muerte de mi hijo estaban celebrando una boda. Me di cuenta de que la vida es como una ruleta: tú estás hoy de un lado, pero no sabes de qué lado estarás mañana, entonces pude entender que la vida continúa. En el lado en yo estoy todo se detuvo, mi esposo no asistió al trabajo y mis hijos emprendieron un viaje desde Wisconsin hasta Massachusetts sin

Censa Ramírez

previo plan. Para nosotros los compromisos tuvieron que esperar, es como como que el mundo se detuvo; podíamos pensar eso, pero en realidad no, sólo se detuvo para Amiskel, para él ya no corrió más, se detuvo en 28 años, dos meses y 22 días. Nosotros estábamos haciendo una parada para procesar lo que estaba pasando, mas no iba a pasar mucho tiempo para que tuviéramos que afrontar la realidad y volver cada uno a sus quehaceres.

El primer día del duelo entramos en la etapa que los sicólogos llaman negación: "Esto no puede ser cierto, no puede estar pasando, ¡yo estuve con él anoche!" Nos negamos a aceptar la realidad de la muerte, esto es totalmente natural porque cuando Dios creó al hombre, no lo hizo para que muriera. Esto causa un dolor extremo en nosotros que nos cubre totalmente, es un dolor distinto a los demás; cuando tienes un dolor físico tomas un calmante y en unos minutos sientes mejoría, éste no se mejora con sedantes, éste penetra todas las partes de tu cuerpo, de tu alma y de tu espíritu. Todo tu ser se envuelve en el dolor, las lágrimas son necesarias pero llorar no te hace sentir mejor; después de sacar todas las lágrimas de tu cuerpo, te sientes seco, ya no hay más lágrimas, te duermes cuando el cansancio no te permite seguir despierto y luego de despertar te preguntas: "¿Esto me está pasando a mí?" Y sí, en efecto, te está pasando, este es tu tiempo de llorar.

34

Cuando llega el duelo, "es nuestro tiempo de llorar" ¡y cómo duele! Hay muchos tipos de dolores, muchas veces lloramos por la traición de un ser querido, ese dolor es fuerte y a menudo va acompañado con amargura, odio y resentimiento. Si no sabemos controlar esos sentimientos terminamos con deseos de venganza y con el alma envenenada por el rencor. Otras veces lloramos por causa de un dolor físico, en el hospital tienen una medida para éste que va en escala de 1-10. Éste puede mejorar con la aplicación de un analgésico. Le doy gracias a Dios porque no he sufrido mucho de dolores físicos, conozco persona que pasan la vida con dolor y hasta se han acostumbrado al dolor.

Cuando el dolor es por una pérdida, este es tan fuerte que te duele "todo," desde la cabeza hasta los pies, desde la piel hasta los tuétanos. Los primeros días del duelo el dolor es aterrador: se te pone como un nudo en la garganta, los ojos se cansan de tanto llorar, se te acaba la voz… pero a medida que los amigos te acompañan, ponen el brazo sobre tu hombro, te abrazan, te consuelan, te animan, están contigo, aunque no digan nada. ¡La confraternidad, la amistad, el amor de las personas a tu alrededor puede ayudar a disminuir tu dolor! ¡El "llorar con los que lloran" nos ayuda a entender que hay que seguir adelante!

Al momento de escribir ya han pasado casi cuatro años de la muerte de Amiskel y en verdad todavía siento mucho dolor cada vez que lo pienso, aunque puedo decir también que el dolor no tiene la misma intensidad. Creo que todos los días pienso en él , me da mucha tristeza pero luego hago una terapia que me enseñó Joshua, el hijo de Amiskel. A su muerte tenía seis años y me dijo: "Abuela, cuando me enseñan fotos de mi papi yo me pongo muy triste y quiero llorar, entonces pienso en otra cosa y puedo estar bien."

Así que no creo que el dolor sea igual de intenso, tampoco creo que desaparece; más bien creo que aprendemos a vivir con él, más aún, que no queremos que desaparezca porque eso significaría que ya olvidamos a nuestro ser amado. Entonces en mi opinión lo que hacemos es algo similar a preparar una habitación en nuestra alma en donde guardamos todos esos recuerdos de nuestros seres queridos y cada vez que abrimos la puerta de esa habitación, viajamos en el tiempo y el espacio reviviendo la experiencia pasada (aunque ya no con la misma intensidad, porque sabemos que estamos viajando en el tiempo), luego cerramos la puerta y aceptamos la realidad.

"Quiero a tu primogénito."
Génesis 22:2.

"Toma a tu hijo, tu único, Isaac, a quien amas; vete a la tierra de Moriah y ofrécelo allí en holocausto."

En la Biblia encuentro algunos pasajes que, aunque tienen un significado tipológico o figurativo, no son muy razonables para mí. De igual manera Abraham aceptó la soberanía de Dios y consideró que su plan es perfecto para nosotros, aunque muchas veces no lo entendemos.

Cuando era niña y leía esta historia me quedaba confundida. Por más que tratara no entendía por qué Dios había puesto a Abraham en esta prueba; pensaba que Dios era injusto por haber hecho esto, luego entendí que en la vida cristiana tú tienes que hacer el sacrificio, tienes que entregar a tu primogénito, esto es lo que te va a permitir ver la provisión de Dios en tu vida. Si en verdad le crees, si en verdad confías en Él, entenderás que en las manos de Dios estará mejor que en las tuyas.

En el mes de abril del 2015, de alguna manera Dios habló a mi vida, no fue un sueño, pero no puedo explicar si fue en el cuerpo o fuera del cuerpo. De lo que sí estoy segura es que Dios habló a mi vida y me dijo: "Me voy a llevar a tu primogénito, ¿qué vas a decir?" Le respondí: "Señor, tú eres perfecto. No soy digna de que me pidas permiso para algo, él es tuyo desde antes de nacer, te lo entregué y sé que si te lo quieres llevar es porque es lo mejor para él." A partir de ese momento, sabía que mi hijo iba a morir. Me imaginaba que tendría un accidente, que se enfermaría, tantas cosas podían pasar. Sabía que el Señor me había hablado, pero era algo que tenía que callar, no podía compartirlo con nadie. Hablaba con mi hijo y le preguntaba: "¿Cómo estás? hace mucho que no vas al doctor." Pensé que iba a encontrar alguna causa para su muerte, sólo oraba pidiendo al Señor que lo preparara para ese momento.

Y para empeorar las cosas, yo me daba cuenta de que mi hijo poco a poco se alejaba más de Dios.

"Los hijos son un regalo de Dios." *Salmos 127:3*. "Herencia de Jehová son los hijos, para nosotros son prestados." *Génesis 2:24*. "Por tanto dejará el hombre a su padre y a su madre y se unirá su mujer."

Es el regalo más hermoso que Dios nos ha dado. Conozco mujeres que han luchado y gastado mucho para concebir y no han podido, a los 18 años Dios me concedió el privilegio de ser madre y desde antes de nacer lo entregue a Él; ahora sabía que había llegado el momento en el que el Señor lo requería y ahí estaba yo en medio de todo esto sin poder hacer nada, sólo esperar y confiar en que Dios es perfecto y todo lo que Él hace tiene sentido. Yo no lo entendía. Más aún, todavía no entiendo, pero sé que es lo mejor porque la palabra de Dios es infalible.

Antes de madurar en la fe, creía que debía haber una explicación lógica para todo lo que ocurre debajo del sol. Todo lo cuestionaba y siempre que oraba preguntaba a Dios el por qué de las cosas que no entendía. Es curioso, pero Dios nunca me dio detalles ni explicaciones, así es que dejé de preguntar y comencé aceptar las cosas que Dios hace y las que Él permite que pasen, cuando entendí la diferencia entre Él y yo.

Lo más cerca que estuve de hablarle sobre la muerte a mi hijo fue cuando regresamos del funeral de Omega, le dije: "¿Oye, cuando tú mueras dónde quieres que tu cuerpo sea sepultado?" A lo que respondió: "Donde tú quieras está bien, sólo no quiero que me quemen."

El domingo 16 de agosto, unos días antes de muerte, tuve un sueño muy extraño: Estaba en la iglesia (Congregación Renacer en Gloucester, que hasta el momento pastoreaba) me encaminaba hacia el altar a predicar y en la Biblia tenía el bosquejo del mensaje que prediqué en el funeral de Omega. Al despertar, mi corazón se turbó y le dije al Señor: "Tú quieres que predique este mensaje en la iglesia, pero es para funeral. Bueno, si es lo que quieres lo predicaré el próximo domingo." Para ese domingo el Pastor Isaac Morán de Guatemala estaría predicando en la iglesia. Luego de la muerte de mi hijo, instruí a algunos hermanos que estaban preparando el servicio del domingo; se iba a hacer un memorial para mi hijo, pues era miembro de la Iglesia. Les facilité mi celular a las hermanas encargadas del programa para que contactaran a los pastores amigos y le encargaran a uno de ellos el mensaje. Al mismo tiempo les di unas notas del bosquejo del mensaje que había dado en el funeral de Omega para que lo imprimieran y se le diera a los asistentes, diciéndoles el sueño que tuve el domingo anterior. No sé cómo, pero las hermanas se confundieron, había más personas presentes cuando les hablé y sólo ellas entendieron que yo quería dar el mensaje el domingo, mientras se celebraba el servicio memorial. Llegó el momento de entregar el mensaje y grande fue mi sorpresa cuando me llamaron a pasar para dar el mensaje, no lo podía creer. ¿Qué iba a hacer? Mi mente estaba en blanco, pero no me iba a negar, la congregación estaba llena, todos estaban sentados, había varios pastores en medio de la congregación y yo, como en el sueño, caminaba hacia el altar, cuando me entregaron las notas que les había dado... lo que ocurrió a continuación no lo puedo describir, sólo sé que abrí mi boca y el Señor ponía las palabras, no recuerdo lo que dije ni cuánto tiempo estuve ahí, sólo sé que al bajar del altar me felicitaban por esas palabras. No les puedo decir que significa todo esto, hasta el momento no lo he entendido pero sé con toda la seguridad, que Dios es perfecto.

Así es que cuando vi su cuerpo de rodillas en el baño, ya sabía que el momento había llegado, sólo le dije Señor: "¡Dame fuerzas!"

¿Cómo le dices a un niño de seis años que su padre está muerto?

Amiskel tenía un hijo, Joshua. Para ese tiempo tenía seis años y las niñas de Josalin: Eliahny y Aliahna, cinco y cuatros años. Ellas también lo llamaban "papi". Cuando recibieron la noticia, Josalin y Mikael se dispusieron con sus respectivas parejas a empezar el viaje desde Wisconsin hasta Massachusetts. Agradezco a la suegra de Mikael, María, que se ofreció a ir guiando todo el trayecto para no dejar que ellos lo hicieran en su condición y luego regresó ella sola desde Massachusetts hasta Appleton, aproximadamente unas 20 horas. Joshua estaba con ellos pasando el verano, precisamente el día de su muerte. Amiskel tenía un vuelo para ir a buscarlo, prefiriendo no decirle nada a los niños hasta que llegaran a Massachusetts

Durante el viaje, los niños estaban cuestionando todo, Joshua decía: "Sé que algo raro ha pasado y tiene que ser algo malo, porque salimos muy rápido y mañana íbamos a ir a un cumpleaños." Estaba "atando cabos". Para el viernes en la tarde estaban llegando. Yo sólo le pedía al Señor que me diera las palabras para poder explicarles todo sin causar ningún trauma en ellos, así es que los recibí en el apartamento y así fue como les conté esta terrible noticia. Les dije:

"¿Ustedes recuerdan cuando Dios creó al mundo? Él hizo todo perfecto, al hombre y a la mujer y tenía buena relación con ellos, pero luego satanás tomó forma de serpiente y los engañó; de esa manera, por causa de la desobediencia vino el pecado y causa del pecado, la muerte." Ellos interrumpían para preguntar cosas y a la vez se preguntaban dónde estaba su papi. ¿Por qué no los esperó en la casa? ¿por qué el carro estaba ahí? Y cosas así que hacían más difícil todo esto para mí. Continué como Dios me ayudó y les dije: "Dios no creó al hombre para morir, pero por causa del engaño de satanás, vino el pecado y por el pecado vino la muerte. La muerte es la separación de Dios, más Dios, en su gran amor, envió a su hijo para vencer a satanás y quitar el efecto del pecado y de la muerte en aquellos que lo aceptan como su salvador. Cuando un cristiano muere no estará separado de Dios, sino que estará en su presencia y es como tener súper poderes. El Señor nos dará un cuerpo nuevo que tendrá súper poderes, podrá volar, atravesar las paredes y ya no sufrirá de ningún mal, no tendrá dolor, no sufrirá de calor ni de frío, será un cuerpo trasformado." Entonces uno de ellos me interrumpió y dijo: "¡Yo me quiero morir para ir para el cielo!" "No –le dije– cada uno va a morir cuando Dios lo mande a buscar, no cuando uno quiera. Pero cuando una persona muere, su espíritu se va para el cielo donde está Dios y aquí en la Tierra se queda el cuerpo, pero está vacío, no tiene vida porque la vida es el soplo de Dios, como cuando sopló en el muñeco de barro y se convirtió en Adán; entonces la vida es "el soplo de Dios." Cuando Él quita su soplo, ("Porque polvo eres y al polvo volverás." Genesis 3:19) ese cuerpo hay que llevarlo al lugar donde se llevan todos los cuerpos de las personan que han muerto y después de que pase un tiempo se va a convertir en polvo."

No sé cuánto tiempo estuve con ellos, debió ser alrededor de una hora, pero estaba segura de que habían entendido el proceso de la muerte. En ese momento me sentí segura de que todo iba a estar bien con ellos, le di gracias a Dios por darme la sabiduría de poder explicarles para que no quedaran con traumas, así que concluí diciendo: "Hay una persona que amamos mucho, que ya no está entre nosotros porque Dios lo vino a buscar; él está en cielo con Jesús, está muerto. Por esa razón estamos tristes, esa es la razón por la ustedes vinieron desde Wisconsin sin tener un viaje preparado y está bien que lloremos porque lo extrañamos; pero debemos saber que él está mejor que nosotros, está con el Señor en el cielo donde todo es mejor que aquí. Él que está allá, no puede venir y nosotros sólo podremos ir cuando sea nuestro tiempo y el Señor nos llame."

Todos empezaron a llorar. "¡Papi ya está con el Señor!" Todos nos abrazamos a llorar juntos. Luego nos fuimos todos a la casa de mi cuñado, donde estaba el resto de la familia. Cuando llegamos, los niños lloraron con todos los que estaban allí; fue un momento muy triste, pero lo asimilaron muy bien. Hasta el momento se la pasan haciendo historias sobre el cielo, aunque Yosiah le dice a Josalin que se asegure de morirse primero, porque no quiere llegar al cielo sin ella.

Los niños tienen mayor capacidad que los adultos para aceptar este proceso, creo que si uno sabe cómo informarles, usando un lenguaje que ellos puedan entender, son capaces de asimilar bien la situación. Estos niños enfrentaron todo esto con tanta madurez que yo me asombraba a cada momento. Cuando llegó el día de ir a la funeraria tenía un poco de temor de cómo iban a reaccionar, fue sorprendente para mí pues ellos lloraron y se acercaron a ver el cadáver; lloraban pero a la vez estaban tranquilos, sabían que sólo era el cuerpo vacío, sabían que su papi estaba en el cielo. Gracias le daba al Señor, ¡ese era uno de mis mayores temores! Lo enfrentaron con mucha madurez y cordura, aunque a veces las niñas, en especial Eliahny, se pone triste y llora diciendo que le hace falta su papi. Yosiah, que para ese tiempo tenía dos años, lo recuerda perfectamente y muchas veces habla de él y Joshua no habla mucho para evitar sufrimiento.

El duelo

No les puedo decir cuánto tiempo tomamos de duelo. Después del entierro los demás regresaron en los siguientes días, pero yo me quedé unos días más, no sé exactamente cuántos, no sé cuándo terminó mi duelo. ¡Quizás no ha terminado aún!

Los primeros días los pasábamos en casa de Pablo y Oneida y allí se juntaban la familia y los amigos. Era impactante para mí ver cómo muchos sacaban de su tiempo para compartirlo con nosotros que estábamos pasando este momento de dolor y vaya que fue de mucha ayuda, pues al verlos yo recibía fuerzas. Esto es importante y quiero compartirlo porque la mayoría de las personas no entienden y más aún, no les gusta ir a compartir en el duelo; entiendo que de alguna manera les asusta. Yo que he pasado por esto les puedo decir cuán importante es que saquemos de nuestro tiempo para compartirlo con las personas cuando estén pasando por este proceso.

"Mejor es ir a la casa del luto, que a la casa del banquete, porque aquello es el fin de todos los hombres y el que vive lo tendrá presente en su corazón." *RVR95*

En las tardes las hermanas de la Iglesia (la Congregación Candelero de Dios), llegaban a la casa y pasaban parte de su tiempo con nosotros; muchas veces no decían nada, sólo estaban ahí, de ellas aprendí que hay momentos en que el silencio es más importante que mil palabras, porque sólo su presencia me fortaleció. Entendí que tenía que seguir adelante, quizás no vas a la casa del luto porque no sabes qué decir, te sientes tan mal por la muerte de alguien, del hijo de alguien, que sabes que no tienes palabras para dar el consuelo. Yo recibí muchas excusas de esposos que me decían: "Mi esposa manda sus condolencias, ella no se atrevió a venir, no le gustan estas cosas, esto es muy fuerte para ella." Es posible que no te guste ir a donde se muere alguien y piensas que no se va a notar tu ausencia, pero quiero decirte que mientras pasé por mi duelo, recuerdo a todas las personas que pasaron tiempo conmigo. Quizás no recuerdo lo que me decían, pero la imagen de ellos quedó presente en mi corazón.

Unos años después me encontré con una "amiga" que me dijo: "Perdona que no fui al funeral, a mí no me gusta ir donde se muere alguien, me da "cosa". Le respondí: "Haces muy mal, porque tú no sabes que en esos momentos es cuando en verdad se conoce a los amigos, lo único seguro que tenemos en esta vida es la muerte y cuando pasamos por el proceso de ver morir a un hijo o a cualquier familiar, el apoyo de las personas a las que les importamos es lo que nos ayuda a seguir adelante.

Las hermanas llegaban, me abrazaban y se sentaban; así pasaban horas y de vez en cuando entablaban alguna conversación. Esa imagen quedó grabada en me mente, ellas no saben cuánto ayudaron tan sólo con su silencio. "Es mejor ir a casa del luto."

Una de las primeras personas que apareció en la escena después de la muerte de mi hijo fue el pastor Matías González. Era mi mentor y aunque estaba pasando un proceso muy fuerte por las quimioterapias, las cuales suspendió durante algunos días y aunque su condición física no le permitía estar fuera de la cama, él aparecía en mi casa, siempre dándonos aliento y palabras de esperanza. Yo le decía: "Pastor, usted está enfermo, yo entiendo su condición de salud y usted no debería estar aquí." A lo que el respondía: "Hermana, yo no puedo estar en mi cama sabiendo lo que ustedes están pasando y quiero decirles que Dios tiene todo bajo control." Varias veces estuvo entre nosotros, sus palabras fueron de gran ayuda y estímulo. Unos meses más tarde, él estaría perdiendo su batalla contra el cáncer .

De repente estaba yo "en la casa del luto". Unos meses antes les había tocado a mis "padres en la fe", Jonny y Virgilia Berroa. Ellos se identificaron mucho con nosotros, pues ya habían pasado por algo así. Recuerdo los abrazos de Virgilia, podía sentir su dolor. Era como si estuviera reviviendo lo que le había pasado a su hijo, para mí fue lo más amoroso y tierno que sentí en todo ese proceso; podía sentir en sus abrazos la ternura de una madre. "El que vive lo tendrá presente en su corazón." En su condición muchos se hubieran quedado en sus casas para no abrir las heridas que todavía estaban fresca por la muerte de su hijo, pero ellos decidieron "llorar con los que lloran".

Imposible es mencionar por nombre a cada uno de los que estuvieron mano a mano con nosotros, así es que me limitaré a mencionar algunas de las palabras que más me impactaron, como las del pastor Agustín Cerano, que unos meses atrás había pasado un proceso con su hijo, donde llegó a pensar que iba a morir. Él podía entender nuestro dolor, porque este tipo de situaciones te enseñan a valorar la vida, a valorar a los amigos, a usar el tiempo de que dispongas para hacer cosas importantes que dejen huella en la vida de los demás. Cómo me marcó el hecho de que una amiga de la infancia, que éramos vecinas en el barrio en el que nos criaron ("El manguito") en Santo Domingo, ella fue quien le dio el primer baño a Amiskel y en la funeraria, entre tantas personas, yo levanté la mirada hacia la multitud que estaba parada pues ya no había espacio y entre ellos la alcancé a ver; no podía creer que fuera Belkis, ella había guiado más de cuatro horas desde Brooklyn para llegar ahí, estar unos 20 minutos y regresar, porque no le habían dado permiso en el trabajo. ¡Wow! De verdad hay personas que dejan huellas en tu vida.

Catherine y Jakob también estaban ahí desde New Jersey. Yo había cuidado de Jakob desde los ocho meses hasta los seis años, Joshua había nacido en la misma fecha que él, sólo que tres años más tarde, entonces él decía que eran hermanos… ja, ja, pero tanto Amiskel como Catherine querían que los niños mantuvieran el contacto, así es que, aunque se mudaron, siempre juntaban a los niños para que mantuvieran la relación. Muchas veces Amiskel iba, otras veces Catherine venía y así los niños todos los años se juntaban. Dos años después de su muerte, fui a visitarlos y Catherine mantiene en su auto el recordatorio de Amiskel. "Nunca lo olvidaremos —me dijo—. El que vive lo tendrá presente en su corazón."

La próxima vez que uno de tus amigos o conocidos pase por una tragedia, no dudes en presentarte, hacerte presente en ese proceso. Para ti quizás no sea más que cumplir, quizás no tengas palabras para decir o tal vez simplemente no quieras ir por temor a ser impactado por el dolor ajeno, pero recuerda que "este es el fin de todos los hombres." La muerte es algo de lo que no podemos escapar, cada uno tendrá que afrontarla. Si no te ha tocado de cerca, de seguro que te va a tocar, así es que cuando alguien que conoces esté atravesando por una pérdida, te invito a que seas parte de aquellos que les imparten ánimo y fuerzas. Si no tienes palabras, no te preocupes por eso, ¡el silencio también es importante! Piensa que en un momento de la vida tú estarás de ese lado de la ruleta y necesitarás todo el apoyo del mundo para salir adelante.

Pasamos este proceso con la ayuda de Dios y de todos aquellos que Él puso a nuestro lado para darnos consuelo. Agradecemos a todos los hermanos y hermanas de la Congregación Renacer, Congregación Candelero y a todos los pastores del área de Boston. Llegaban pastores que no conozco dándonos sus condolencias y fueron muchos los aportes financieros, fue sorprendente para mí, cómo unos dos o tres días después de la muerte de Amiskel, teníamos todo el dinero que se necesitaba para su funeral. ¡Aún después de su sepultura, estábamos recibiendo donaciones! ¡Así es el pueblo de Dios!

"Estuve sin ropa y ustedes me la dieron, estuve enfermo y me visitaron." *Mateo 25:36 DHHS94.*

Unas horas después de su muerte, aparecieron en la casa dos pastores, que todavía no reconozco quienes eran. Ellos iban para New York y se enteraron, no sé cómo, de la noticia, pero no querían irse sin venir a orar por nosotros para que el Señor nos diera fuerzas. Para mí fueron como dos ángeles que el Señor enviaba para darme fuerzas en medio de este proceso.

No quiero cerrar este capítulo sin hacer notar algo que escuché de unos familiares que estaban de vacaciones, creo que en Canadá; entonces el papá reunió a todos y les informó lo que estaba pasando para decidir acortar las vacaciones y asistir al funeral y, según escuché, los niños le dijeron: "Papi, la familia está primero, podremos hacer otras vacaciones en otro tiempo, mejor vamos para Massachusetts."

Por acciones como ésta y muchas otras que no están incluidas aquí, vale la pena seguir adelante, entender que en la vida pasamos momentos muy duros, más no olvidemos también los momentos bonitos y que esos momentos de tristeza, cuando creemos y sentimos que el mundo se nos viene abajo, Dios pone a nuestro lado a personas que marcan la diferencia en nuestras vidas con su apoyo económico, con su ayuda incondicional, con sus palabras, con sus oraciones, con sus abrazos y hasta con su silencio.

En la Biblia vemos ejemplos de que cuando estaban en duelo, se ponían el cilicio, significando el profundo dolor que sentían. El cilicio era de un material áspero, generalmente de pelo de cabra. "También rompían su ropa y guardaban luto y ponían cenizas sobre sus cabezas." *Genesis 37:34.*

De no haber sido por Dios primeramente y luego por todas las personas que estuvieron dándonos su apoyo incondicional, otra seria la historia. Yo estoy segura de que sola no hubiera podido seguir adelante.

Una vez más quiero agradecer a todos aquellos que pusieron en pausa sus relojes para unirse a nosotros en este proceso.

¿Por qué la gente va a la iglesia y luego deja de ir?

Amiskel no era predicador, pero siempre estaba buscando estrategias para ayudarme en la iglesia. Él estuvo conmigo desde la plantación de la Congregación Renacer y me daba muchas ideas para formar una "mega iglesia". Mi hijo siempre pensaba en grande. En los inicios, el manejo todo lo que tenía que ver con tecnología y programación, inclusive en el año en que hicimos un campamento con los niños, él se ofreció para el último día llevarlos a escalar una montaña en Vermont. Ese día para ellos, fue una experiencia inolvidable.

En el 2010, la iglesia fue nombrada de "iglesia en plantación" a iglesia y estaba reverdecida por el avivamiento y a la vez el incremento de los miembros, que al pasar del tiempo muchos de ellos volvieron atrás y Amiskel trataba de hacer el análisis del porqué, así que empezó a plantearme diversas teorías sobre el tema. Un día le dije: "¿Sabes qué? escribe un mensaje sobre el tema y déjame verlo."

"Él decidió hacerlo y lo hizo. En realidad fue el único mensaje que escribió y nunca lo llegó a compartir, porque sólo hizo la primera parte.

Este fue el mensaje que escribió:

11/13/12

La importancia de la Iglesia.

Al principio, cuando la persona se convierte a Cristo, empieza a ir a la iglesia, pero al pasar el tiempo muchos pierden el interés, aunque se mantienen asistiendo a la iglesia en busca de ese primer amor. Algunos son familiares como hijos o esposos que aún no han llegado a tener esa relación con Dios y vienen porque los obligan o por no hacer sentir mal al esposo o a la esposa. Sin embargo, hay otro grupo que asiste a la iglesia porque tiene una relación con Dios y le gusta ir; lo que yo veo es que la mayoría de los creyentes no cumplen con su parte de motivar y edificar a los nuevos creyentes para que se sientan como una parte útil de la iglesia. Muchos creyentes reconocen a Jesús como el hijo de Dios, pero se les hace difícil aceptarlo como la cabeza de la Iglesia porque en ese caso nosotros somos su cuerpo. Éstos son los que dicen: "Para ser cristiano no tengo que asistir a una iglesia. Yo soy cristiano, pero no soy religioso."

Por eso, para educarnos en la enseñanza de la palabra de Dios, para fortalecer nuestra fe y restaurar el amor y respecto que debemos llevar hacia la iglesia, veremos cuál es la importancia en el rol que se da a la Iglesia en la Biblia:

1 Corintios. 12:12-18. "Así como el cuerpo es uno y tiene muchos miembros, todos los miembros del cuerpo, siendo muchos, son un solo cuerpo; así también Cristo, porque por un solo espíritu fuimos todos bautizados en un cuerpo, tanto judíos como Griegos, tanto esclavos como libres y a todos se nos dio a beber de un mismo espíritu. Además, el cuerpo no es un solo miembro, sino muchos. Si dijera el pie: "Como no soy mano, no soy del cuerpo." ¿Por eso no sería del cuerpo? Y si dijera la oreja: "Porque no soy ojo, no soy del cuerpo." ¿Por eso no sería del cuerpo? Si todo el cuerpo fuera ojo, ¿dónde estaría el oído? Si todo fuera oído, ¿dónde estaría el olfato? Pero ahora Dios ha colocado cada uno de los miembros del cuerpo como Él quiso." *RVR95.*

El cuerpo está formado por diferentes miembros, debemos entender que si somos parte del cuerpo de Cristo, debemos ser parte de una iglesia porque Cristo, "la cabeza", es quien está a cargo de la Iglesia. Al recibir el bautismo nos hacemos parte del cuerpo de Cristo, no importa cuál sea la función que desempeñas, no importa cuál sea tu raza, tu color, tu estatus legal o tu profesión, porque como en el cuerpo, sus miembros tienen diferentes funciones; así también en la iglesia que es el cuerpo de Cristo y ninguna es más importante que la otra. El cuerpo los miembros funcionan como un equipo, todos tienen diferentes labores pero una sola misión, que sea para la edificación del cuerpo. O sea, que al final todos somos beneficiados del trabajo de cada miembro.

Yo creo que cuando una persona, después haber sido parte del cuerpo, quiero decir, miembro de una iglesia y de pronto deja de ir y se aparta, la primera razón que voy a dar es espiritual y es que creo que el enemigo lo separa del cuerpo usando alguna estrategia de las cosas que a esa persona le gustan pero que no puede realizar siendo parte del cuerpo. Creo que cualquier cosa que sea la que la aparte tiene que ver con el pecado, porque es el pecado el que nos separa de Dios. Si tan solo las personas pudieran entender que cualquiera que sea la causa que nos está separando de la Iglesia, también nos está separando de Dios, porque no podemos mirarlo por separado, ya que Cristo es cabeza de la Iglesia.

Cuando un hermano se molesta con otro, no debe llevarlo contra la iglesia porque se ha molestado con otro miembro igual que él, pero no con "la cabeza".

Cuando los miembros asisten a la iglesia sucede algo que no se puede explicar de manera natural, porque los miembros se juntan y la cabeza, que es Cristo, está ahí para completar el cuerpo. Esa es la razón por la que muchas veces en la iglesia vemos que ocurre manifestación del Espíritu Santo, es porque cada miembro está en su posición. Es importante ir a la iglesia porque una parte del cuerpo no puede estar sola. Para orar y para adorar debemos juntarnos para completar el cuerpo y lo bueno es que no tienen que ser demasiados, aunque sean dos o tres, "Porque donde están dos o tres congregados en mi nombre, allí estoy yo en medio de ellos". Mateo 18:20 RVR 95.

Yo creo que el que deja de ir a la iglesia es porque no quiere ser gobernado por la cabeza. A muchas personas no les gusta seguir reglas y obviamente, cuando estás en la iglesia, hay que seguir muchas reglas. También creo que otras personas dejan de ir a la iglesia porque no quieren que los otros miembros sepan de su vida, quieren mantener su privacidad y piensan que en la iglesia no pueden.

Otros dejan de ir a la iglesia porque no tienen tiempo, dicen ellos, pero esta razón es muy vaga. En realidad, ellos creen que son dueños del tiempo, no saben que el tiempo es de Dios y en cualquier momento sí que se les va a terminar.

Otros dejan de ir a la iglesia porque dicen que "esa iglesia no es buena" pero van a otra y al poco tiempo también la dejan es porque ellos están buscando perfección en los otros y se les olvida que son miembros igual que ellos. Yo creo que no puede haber una iglesia perfecta, porque los humanos no somos perfectos.

Sólo quiero que entiendas que, si tú no vas a la iglesia, no eres parte del cuerpo. Si no eres parte del cuerpo, Cristo no es tu cabeza y si Cristo no es tu cabeza, entonces no eres cristiano.

¡Éste fue su mensaje!

La muerte de mi madre

Cuando fuimos a Santo Domingo a sepultar a mi hijo, el Señor me dijo que mi madre se iba también. Yo le dije: "Señor, lo que tú hagas está bien." ¡La miré tan dolida! Y no era para menos, su hijo menor y su nieto habían fallecido en un mismo día. Mi madre se negó a vivir. En los meses siguientes estuvo muy deprimida, al principio comía demasiado, se notaba anormal en ella y después pasó lo que ya sabía que iba pasar: dejó de comer. Se encerró en sí misma, perdió el sentido de la realidad, dejó de caminar y dejó de hablar, hasta que dejó de respirar.

El 30 de diciembre del 2015 a las 4:30 de la tarde, dio su último suspiro.

Con su muerte conocí la otra cara de la muerte: mientras que mi hijo y mi hermano murieron " sin hacer ruido", con mi madre fue diferente. Era una muerte anunciada , el doctor nos dijo que ella se había negado a vivir que no se le obligara a comer si ella no quería. El 18 de diciembre llegué nuevamente a Santo Domingo, ahora para pasar los últimos días con mi madre. Ella estaba en cama desde hacía dos semanas, su memoria llegaba por momentos y luego se iba; teníamos que estar con ella 24/7 y fue agotador para mis hermanas y para mí, ver la vida terminarse poco a poco, lentamente, sin poder hacer nada más que esperar.

Las dos caras de la muerte. La muerte es cruel, no tiene comparación con nada, es como un monstruo que se goza en el sufrimiento ajeno, que lastima, que golpea, que tortura. Aunque "el pecado es el aguijón de la muerte", es como si la muerte misma fuera el aguijón para la el alma. Al ver a mi madre en el lecho de muerte, ver su dolor, su quebranto, su viaje sin regreso que progresivamente se acercaba al fin de todo (humanamente hablando) entonces le dije a la muerte: "¿Dónde está, oh muerte, tu aguijón; dónde, oh sepulcro, tu victoria?" Y me pude reír en su cara diciéndole: "Jesucristo te venció en la cruz del calvario, tú no tienes poder sobre nosotros, aunque nos haces pasar por este sufrimiento, es momentáneo y no se puede comparar con el gozo que nos espera en la presencia de nuestro Dios."

La muerte vino como consecuencia del pecado, sin embargo, para aquellos que hemos nacido de nuevo, la muerte nos lleva a la victoria, "porque el aguijón de

la muerte es el pecado y el poder del pecado es la ley."
1 Corintios 15:55. RVR 95.

"Ahora, todo aquél que ha nacido de nuevo, o sea que ha aceptado a Cristo como salvador, ya no está bajo el poder de la ley, sino bajo la gracia en la cual Jesús nos ha justificado." *Romanos 5:1.*

Quiero decir que, si estamos en Cristo, podemos decir como dijo el apóstol Pablo: "La muerte ha sido devorada por la victoria." *1 Corintios 15:54.* ¡Cristo la venció!

A muchos les asusta la idea de la muerte, a mí no, yo estoy conforme con el tiempo que he vivido; es más, creo que he vivido mucho. Con la experiencia vivida aprendí que la muerte es más cruel con los que se quedan que con los que se van (siempre y cuando hayan arreglado su vida con Dios). Los que se quedan sufren, lloran, se quedan con temor, o no superan la separación. Muchas veces no la entienden, nunca estamos conformes , siempre creemos que fue muy pronto.

He ido a funerales donde la persona fallecida es una anciana o anciano y los hijos y nietos querían que viviera más tiempo. Entiendo por qué, es que el hombre no fue creado para morir, sólo la idea le asusta. Entre los que conozco son muy pocos los que están preparados para enfrentar la muerte, no quieren ni hablar sobre ello. La mayoría vive como si nunca fuera a morir, muy lejos de la realidad. Lamento decirte que el tenerle miedo o el no hablar de ello no va a hacer que se aleje de ti, ella llegará en el tiempo que tenga que llegar.

El por qué del título

Antes de que mi hijo muriera, el Señor me lo había pedido. No lo entiendo, pero acepto la voluntad de Dios para mí, que él cumpla su propósito, que se cumpla en mí. Desde que le entregué mi corazón a Jesús, mi anhelo es servirle sin reservas; durante el duelo me preguntaba: "¿Cuál será el plan De Dios? ¿Qué será lo que quiere de mí?" Y en mis oraciones le pedía que me mostrara cuál era su propósito.

Desde que Amiskel murió, entendí que tenía que compartir con el mundo lo que había pasado; sin embargo, no estaba lista para hablar de ello. Muchas veces intenté escribir y tenía que dejarlo, no estaba bien con mis emociones.

Todo ocurre en el "Kairós de Dios. Éste es el tiempo.

Después de haber escrito la mayor parte del libro, sólo tenía como título "Después de su muerte". Anoche, ya cansada, me disponía a dormir y antes de dejar de escribir puse el tema del capítulo: "La vida en el cielo". Cerré para disponerme a dormir, mientras oraba, pedía a Dios que me diera el título para el libro, pues hasta ahora sólo tenía "Después de su muerte". La verdad es como le dije anoche al Señor: "¡Wow, Señor, tú no dejas de sorprenderme!"

Lo que pasó a continuación no lo podrás entender si no te llevo en la historia: 15 años atrás aproximadamente, tuve uno de esos sueños en que sabes que Dios te habla. Digo esto porque siempre tenemos sueños, pero debemos distinguir unos de otros. Éste en particular, fue algo especial; yo estaba en un pabellón donde había muchas personas y se disponían a hacer un tipo de elección. Eligieron a cuatro personas para pasar al frente y el grupo debía votar por una de ellas, entre las cuales estaba yo; se hicieron las votaciones y a mí me dieron un papel doblado con la siguiente inscripción:

"Ni soy joven, ni he envejecido, me hallo delante de los ancianos."

Eso fue todo, desperté y no tenía ni idea de qué significaba eso. Pregunté a muchos pastores y me daban sus explicaciones, pero ninguna me llenaba. Anoche, 15 años después de tener ese sueño, como todo lo que nos sucede debe ser en el Kairós de Dios, pude entender el significado de ese sueño, luego de pasar más de 15 años, ¡para Dios quizás una noche!

"Porque para el Señor un día es como mil años y mil años como un día." 2 Pedro 3:8.

Anoche, mientras oraba, sentí una luz tras mi cabeza. ¡Todo estaba iluminado! Volteé a ver y no pude ver de dónde procedía la luz. Le pedí al Señor que me diera el título para el libro y esto fue lo que sucedió:

Vi este verso: Salmo 37:25.

"Joven fui y he envejecido." Sólo esta parte. Lo repetí y en ese momento recordé la frase del sueño: "Ni soy joven, ni he envejecido." Entonces dije: "Yo no puedo ser David." Pasé a ver la segunda parte de la frase: "Me hallo delante de los ancianos." y ¡Uhh! -exclamé- ¡ya lo tengo! es un acertijo: "No soy David, estoy delante de los ancianos." El tema que había dejado escrito era: "La vida en el cielo." Para escribir este tema debía leer el Apocalipsis y... ¡lo tengo, soy Juan! Él estaba delante de los ancianos cuando escribió el libro, entonces ya tengo el tema del libro. ¡Señor nunca dejas de sorprenderme!

"Después de su muerte, ¡la vida en el cielo!"

¡Uf! Pasé más de 15 años con ese acertijo, ni siquiera sabía que era un acertijo y en menos de un minuto lo pude entender, pero en el Kairós, siempre diré que ¡el tiempo de Dios es perfecto!

En ese momento entendí que cuando Dios tiene un plan en tu vida, aunque tú no lo entiendas él mueve todo alrededor de ese plan; esa es la razón por la que debemos depositarnos en sus manos y dejar que él haga como él quiere.

Hace unos dos años entregué la iglesia que había levantado y me mudé a Wisconsin para estar más cerca de mis hijos, sabiendo que Dios tenía un plan en mi vida y para que ocurriera, tenía que moverme. No fue fácil para mí tomar la decisión, Boston representa la estabilidad, tenemos allí nuestro apartamento, mi esposo tiene más de 17 años trabajando en la compañía, una iglesia que Dios me ha permitido formar con gente maravillosa, muchos amigos y todos los productos hispanos alrededor para venir a Appleton, Wisconsin, una ciudad en el condado Outagamie. Según el censo del 2010, un 5.02 % eran hispanos de cualquier raza, 5.89% asiáticos y 87.51% blancos.

Comparado con la ciudad de Lynn, Massachusetts, donde vivíamos, el 31.12 % de la población es hispana y el 57.59% blancos.

Lo que quiero que entendamos en este punto es que tenemos que aprender a soltar todo y depositarnos en las manos de Dios. ¡Esto es fe!

Antes de salir de Lynn le pedí señales al Señor, así estaba segura de que era el plan de Dios, no el mío, porque cuando venimos al Señor, no debemos hacer lo que queremos o lo creemos que nos conviene, sino lo que Dios tiene planeado para nosotros. Sorprendente para mí, pues cuando mi hijo estaba vivo siempre insistió en que nos mudáramos para un estado más al sur porque decía él: "En el sur son menos liberales y además la economía es mejor." Sin embargo nunca le hice caso, no obstante, dos años después de su muerte, aquí estoy.

La vida en el Cielo

Una vez tuve un sueño en el que subí al cielo, lo raro de eso es que no vi allá lo que todos cuentan de sus sueños; ni flores, ni río, ni paraíso, nada de eso. Lo que vi fue a un grupo de personas que trabajaban muy deprisa y se les veía que les gustaba lo que hacían, estaban preparando unas mesas para una gran fiesta, me pareció; le ponían manteles blancos a las mesas y llamó mi atención que cada uno sabía lo que tenía que hacer, estaban trabajando juntos y no escuché a nadie pedir nada al otro, aunque podían hablar. Parecía que no había necesidad de hacerlo, porque se entendían sin decir palabras.

Este sueño fue aproximadamente tres años antes de su muerte. Lo más extraordinario es que en mi sueño vi a Amiskel, aunque no hablé con él, lo vi en actividades bien integrado con un grupo de jóvenes entrenándolos, estaba haciendo lo que le gustaba hacer aquí.

Colton Burpo tenía tres años en el 2003, cuando fue sometido a una operación. Él cuenta que vio su cuerpo y también pudo ver a su mamá llorando en una habitación y a su papá reclamando a Dios por él. Este Niño cuenta que fue al cielo y allá vio a su hermana que murió en el vientre su madre con sólo dos meses de embarazo, también vio a su bisabuelo, que había muerto hacía más de 30 años. Dice que el en el cielo nadie es viejo.

Del libro "El Cielo es real" de Colton Burpo:

"El pastor Alex Rodríguez testifica que, en febrero 22 de 1992, después de un accidente automovilístico, él falleció, al igual que su esposa y sus hijas. Dice que cuando llegó se sumergió en un río y se le quitaron todas las arrugas, vio un trono de oro y diferentes piedras preciosas, vio a su esposa y a sus hijas vestidas de blanco. Él estuvo 48 horas en la morgue, tiene su acta de defunción; cuando lo iban a sacar a la funeraria, el Señor lo volvió a la vida."

Estos son algunos testimonios de los muchos que hay, donde las personas han tenido la experiencia de ir y regresar. Dios es soberano, Él hace como Él quiere. He tomado parte de estos testimonios porque después de haberlos escuchado cuidadosamente, no veo que estén en contra de la palabra. La Biblia no nos da muchos detalles de cómo es el Cielo, pero dice el apóstol Pablo que hay "lo que nadie ha visto," por lo tanto, no hay cómo explicar algo así. De lo que puedo estar segura, es de que el Cielo es un lugar maravilloso d¡ de definitivamente quiero ir después de salir de esta morada terrenal.

Después de que mi hijo murió, me interesé mucho por saber cómo es la vida en el Cielo. Algunos dicen que allí los que mueren están durmiendo, cosa que no creo, pues no encuentro eso en la Biblia, pero vamos a ver lo que pude encontrar en la palabra de Dios, que nos da luz de cómo es la vida en el Cielo.

Ahí es donde me lleva el enigma de mi sueño de hace más de 15 años: "Me hallo delante de los ancianos." A ver qué nos dice Juan en el Apocalipsis:

Capítulo 6:9: "El Cordero rompió el quinto sello y vi debajo del altar, vivos, a los que habían sido asesinados por haber proclamado la palabra de Dios y haber dado testimonio de su fe." *BHTI.*

Me gusta esta versión porque a diferente de las otras que dicen: "Vi a las almas." Aunque se sobreentiende que si vio a las almas es porque tenían cuerpos, por lo cual entiendo que los cristianos que mueren van al Cielo y no van a dormir allá, sino que están despiertos. Lo sabemos por los versos siguientes a éste:

"¡Porque estos mártires que Juan vio en el Cielo estaban clamando!" Lo que significa que en el Cielo, los que están allá pueden hablar, se pueden comunicar con el Señor, le pueden pedir cosas.

"Decían con fuerte voz: Soberano Santo y fiel ¿cuándo juzgarás a los habitantes de la Tierra y vengarás nuestra muerte?" *v 10 DHHDK.*

Están pendientes de lo que pasa en la Tierra, así que no sé de qué manera, cómo ocurre. Obviamente sé que los que mueren no pueden comunicarse con nosotros, por que hay un abismo que nos separa, llámese otra dimensión o como se llame; no sé nada sobre eso, pero lo que sí sé por la Palabra es que los que mueren en Cristo, están presentes en el Señor.

También el apóstol Pablo habla sobre el tema y dice: "Así que tenemos confianza, preferimos morir e irnos a morar juntos con el Señor." 2 Corintios 5:8 NBV. Pablo no dice que quiere irse a dormir con el Señor, si no que quiere ir a vivir con el Señor.

Es claro que Juan se refiere a los mártires, pero Pablo se refiere a Él. Ésta es la esperanza del cristiano y también de los familiares y amigos de que tenemos a nuestros hijos, hermanos, padres y amigos que han muerto, en Cristo. Podemos estar seguros por la Palabra que ellos están vivos en el cielo, no durmiendo, sino presentes, esperando hasta que llegue el tiempo que Dios tiene preparado para que todos podamos estar juntos, sin más separación.

Ellos en el Cielo tienen un cuerpo, no sé cómo es, la Biblia no nos da mayores detalles, pero se les dieron ropas blancas para vestirse. Si fueran sólo las almas, no tendrían necesidad de vestidos. Ellos saben por qué están en el Cielo, saben lo que hicieron y también están conscientes de que nosotros estamos aquí. En el Cielo tienen recuerdos, los mártires estaban pidiendo justicia sobre aquellos en la Tierra que les hicieron daño. Entiendo que también nuestros familiares que están ahí deben estar en las misma condición; nos recuerdan y nos esperan. Sin embargo, no pueden hacer nada por nosotros porque no les es permitido, pero sí están conscientes y tienen recuerdos. El Señor Jesús habló una parábola sobre el rico y Lázaro Lucas: "Cuando Lázaro murió, los Ángeles lo llevaron con Abraham." Jesús nos está enseñando que cuando un cristiano muere, los Ángeles lo llevan al Cielo. "El hombre rico pidió por sus hermanos, recordaba que tenía cinco hermanos y no quería que fueran al infierno; él sabía que sus hermanos eran soberbios, por eso quería advertirles, mas no se le permitió. Esto fue inmediatamente después de morir." Las parábolas son enseñanzas y Jesús explicó grandes verdades a través de ellas.

He escuchado a muchos que, después de pasar por una pérdida, tienen ciertas experiencias que les llevan a creer que sus parientes se les han presentado, escuchan y ven cosas. Bíblicamente, puedo decirles que toda manifestación en la que intervengan los muertos, carece de fundamento bíblico y más que eso, la Biblia está en contra de que consultemos a los muertos. (Deuteronomio 18:11) Es posible que, por la aflicción y el dolor, nuestro cerebro crea esas imágenes para nosotros. Yo he soñado mucho con mi hijo después de su muerte, entiendo que es la respuesta que da mi cerebro por la necesidad de su presencia.

También cabe la posibilidad de que el enemigo, "que no pierde el tiempo", aproveche estos momentos para confundirnos.

Siempre debemos tener cuidado cuando escuchamos los testimonios de personas que tienen experiencias sobrenaturales, ya sea con el Cielo, con el infierno, qué Dios le dijo, etc. No dudo de que muchas personas las tienen. Sin embargo, he escuchado muchos testimonios que contradicen lo que dice la Biblia. Hay cristianos que no estudian la Biblia y sin embargo, les encanta perseguir estos testimonios; esto es un indicativo de inmadurez y falta de profundidad con Dios. Nosotros no necesitamos de nada más que la Biblia, que es un libro completo, para conocer a Dios y sus revelaciones.

Una manera de probar si son de Dios, es si no está en contra de lo que la Biblia nos enseña, de ser así, no debemos aceptarlo como que son de parte de Dios.

"Aunque sea un Ángel que se nos presente, que veamos que vino del Cielo, si presenta un mensaje diferente al que tenemos en la Palabra, no debemos creerlo." (Gálatas 1:8)

Lo que les puedo garantizar y tengo el apoyo de la Biblia para creerlo, es que nuestros muertos están en la presencia del Señor, como Jesús le dijo al ladrón arrepentido: "Desde hoy estarás conmigo en el paraíso".

También Jesús dijo: "Voy a preparar lugar para ustedes." ¡Se refirió al Cielo!

¿Cómo es el cielo?
¡El cielo es el Paraíso!

Creo que es un lugar para llevar la vida perfecta, los que están allá ya no están dominados por el pecado, pueden tener una relación en perfecta conexión con Dios sin los efectos del pecado. No hay mentiras ni traiciones, todos son sinceros y honestos, no hay maldad, tampoco hay dolor; no hay tristeza, no más llantos. Ellos no sufren de ninguna enfermedad y tampoco hay discapacitados en el Cielo. ¡Es la perfección de Dios hecha realidad en el hombre! Definitivamente estoy segura de que el Cielo es un lugar maravilloso donde quiero estar.

"Hoy estarás conmigo en el paraíso." El Cielo es el Paraíso. El hombre, por causa del pecado, fue expulsado del Paraíso Terrenal. Cuando estemos libres de pecado podremos volver a él, es el lugar perfecto que Dios ha preparado para los fieles.

El apóstol Pablo, en el libro de Filipenses (3:20) dice que nuestra ciudadanía está en el Cielo. Quiere decir entonces que el Cielo es una o en el Cielo hay una ciudad en apocalipsis. Capítulo 21. Juan: "La nueva ciudad de Jerusalén descender del cielo." Quiere decir que ahora está en el Cielo. Juan describe esta ciudad como una ciudad perfecta, es un cuadro; su longitud es igual a su anchura, el cubo se considera la forma geométrica perfecta. Él midió la ciudad en 12 mil estadios la longitud, la altura y la achura son iguales (Apocalipsis 21:14).

En esta ciudad el mar ya no existe más, tampoco hay necesidad de sol, ni de luna, todo es sostenido por Dios, ¡es la ciudad perfecta!

Todos los que hemos sido lavados con la sangre de Cristo, tendremos moradas en esa hermosa ciudad, que sólo podemos describir como la sombra de lo que realmente es, pues "nuestros ojos nunca han visto todas las cosas que el Señor tiene preparada para los que le aman." 1 Corintios 2:9.

Conclusión

Aprender a ver la vida como un regalo, no como algo que nos pertenece, nos ayudará a saber que un día moriremos; nos preparará para estar listos para ese día, que, aunque no sabemos cuándo, sabemos que va a llegar.

El pasar por el valle de sombras de la muerte me enseñó que Dios puede ayudarnos en medio de ese proceso. Aunque mi hijo y mi hermano murieron el mismo día en hechos separados, mis dos tíos y mi madre a sólo meses antes y después, yo he podido seguir adelante con la ayuda de Dios y de las personas que Él ha puesto a mi lado.

Si tu esposo (a) muere, te quedas viudo(a). Si se mueren tus padres te quedas huérfano (a) pero cuando es tu hijo quien muere, no hay palabras en el diccionario que pueda describir cómo te quedas.

Al terminar este libro vi en las noticias que falleció Tyler Skaggs, lanzador de los Angelinos de los Ángeles. Falleció el lunes 1 de julio, el día 13 habría cumplido 28 años, estaba contemplado para abrir el juego del partido del 4 de julio. ¡Así es la vida!

Lo mejor de todo es para los que tenemos la esperanza en Dios de que pasaremos de muerte a vida, esa seguridad me hace estar tranquila.

La realidad de salir de esta Tierra para ir al Cielo es lo más emocionante que puedo concebir. El Cielo es real, está preparado para todo aquel que le entrega su vida a Jesús; nuestro paso por esta Tierra puede ser corto o puede ser largo, no lo sabemos. ¡Sólo sabemos que estamos de paso!

Datos sobre el autor

Censa Ramírez, nació en la comunidad rural de Sajanoa, provincia Azua, en la República Dominicana y a la edad de cinco años fue trasladada a la ciudad capital con su tía Andrea Jiménez, quien se hizo cargo de ella. A la edad de 15 años recibió el bautismo en agua y el llamamiento pastoral, a los 17 años se inició en el ministerio en la ciudad de San Francisco, República Dominicana, estando allí durante cinco años. Fue traslada a la ciudad de San Pedro y en 1994 fue trasladada nuevamente a la comunidad de Basima en la ciudad de Villa Altagracia. En 2001 se trasladó a la cuidad de Lynn, Massachusetts. En 2002 inició la primera iglesia hispana en la ciudad de Gloucester, Massachusetts, la cual, en 2010, fue reconocida como iglesia con el nombre de Congregación Renacer, la cual estuvo pastoreando hasta diciembre del 2017, cuando se trasladó a la ciudad de Appleton, Wisconsin, donde reside hasta el momento.

Casada con José De La Cruz, en ese matrimonio procreó tres hijos:

Joseph Amiskel, Elaine Josalin y José Mikael, los cuales le han dado hasta el momento seis hermosos nietos:

Joshua Amiskel (El príncipe de abuela), Eliahny, Aliahna, Yosiah, Dominic y Eva Lu.

Opinión de un lector

El libro cuyo título es *Después de su Muerte, ¡La vida en el Cielo!* nos lleva a detenernos minuciosamente en cada párrafo, pues cada reflexión es una vivencia de su autora, la Pastora Censa Ramírez. Es refrescante y alentadora la manera como la autora expone cada experiencia vivida por ella.

Es un privilegio poder recibir de primera mano ese hermoso testimonio de cómo, aún en la adversidad, Dios nos da la fuerza para sacar desde lo más profundo de nuestro ser el valor de expresar las palabras que sirvan a otros de ayuda. Si les tocase pasar por una experiencia similar, espero y motivo a quienes llegue esta joya, a que no escatimen esfuerzos por compartir un ejemplar con algún amigo o pariente, y sé que no se arrepentirán de haberlo hecho.

Joaquín Suero
(Lic. Educación, Master Biología, Pastor).

Dedicatoria

Este libro lo dedico a todos a aquellos que han perdido a un ser querido, a todos aquellos que les dan apoyo, a los que pasan por su tiempo de llorar y lloran con los que lloran.

A todos los padres que han pasado por el terrible dolor de tener que sepultar a un hijo (a).

A mi nieto Joshua De La Cruz, a quien le ha tocado vivir sin su padre y a la vez tener que estar lejos de nosotros, sus abuelos; a su tío Mikael, a quien quiere como a un padre y a su tía Josalin, sus primos y a toda su familia paterna por causa de su madre .

70160732R00054

Made in the USA
Middletown, DE
30 September 2019